Feine
Mehlspeisen
Süßes
à la carte

Dieses Buch
gehört:

Zwergenstübchen

edition

präsentiert

Bäckerschweinchens feine Mehlspeisen

Bäckerschweinchens
feine Mehlspeisen

Vehling **V** Verlag

Berlin · Werl i.W. · Basel · Graz

Es klappert die Mühle

Inhalt

Bäckerschweinchens Kindertag

Teigzubereitungen

Backen mit den Bäckerschweinchen

Backe, backe, Kuchen,
die Bäckerschweinchen haben gerufen!
Wer will feinen Kuchen backen,
der muss haben sieben Sachen:
Eier und Schmalz, Zucker und Salz,
Milch und Mehl, Safran macht den Kuchen gel'.

Original Bäcker-Schweinchens Bananenkuchen

Zutaten

Teig:
- 230 g Butter
- 250 g Zucker
- 1 Päckchen Vanillezucker
- 5 Eier
- 300 g Mehl
- 100 g Speisestärke
- 1 Päckchen Backpulver
- 120 ml Milch

Füllung:
- 2 Bananen
- etwas Zitronensaft

Belag:
- 3 Esslöffel Aprikosenmarmelade
- 30 g Kokosraspel

Zubereitung

Aus den Teigzutaten einen Rührteig nach dem Grundrezept von Seite 13 zubereiten. Danach die Bananen in Scheiben schneiden und mit Zitronensaft beträufeln. Anschließend etwa ⅔ des Teiges in eine gefettete Springform geben, darauf die Bananenscheiben legen, den restlichen Teig einfüllen und glatt streichen. Im vorgeheizten Backofen bei 200 Grad ca. 1 Stunde backen. Nun die Kuchenoberfläche mit der zuvor erwärmten Aprikosenmarmelade bestreichen und Kokosraspel darüber streuen.

 **_Feine gerührte Kuchen_**

Bäckerschweinchens feine gerührte Kuchen

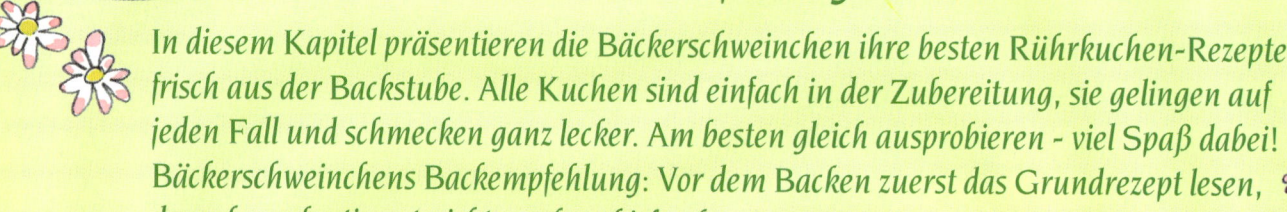

In diesem Kapitel präsentieren die Bäckerschweinchen ihre besten Rührkuchen-Rezepte frisch aus der Backstube. Alle Kuchen sind einfach in der Zubereitung, sie gelingen auf jeden Fall und schmecken ganz lecker. Am besten gleich ausprobieren - viel Spaß dabei! Bäckerschweinchens Backempfehlung: Vor dem Backen zuerst das Grundrezept lesen, dann kann bestimmt nichts mehr schief gehen.

Zuletzt noch ein guter Tipp von den Bäckerschweinchen: Mit einem feinen gerührten Kuchen kann man Freunden und Bekannten zu jeder Gelegenheit eine Freude machen.

Rührteig
Zubereitung

Alle Zutaten sollten Zimmertemperatur haben. Die Butter schaumig schlagen, abwechselnd Zucker, Eier dazugeben, zu einer cremigen Masse rühren. Nach und nach das gesiebte mit Backpulver vermischte Mehl zusammen mit der Milch einrühren. Den Teig in eine gefettete Backform füllen und den jeweiligen Rezepten entsprechend im vorgeheizten Backofen backen.

Joghurt-Kränzchen

Zutaten

- 4 Eier
- 300 g Zucker
- 1 Päckchen Vanillezucker
- ⅛ l Öl
- 1 Becher Naturjoghurt
- 350 g Mehl
- 1 Päckchen Backpulver
- 100 g geraspelte Schokolade

Zubereitung

Eier schaumig schlagen. Nach und nach Zucker, Vanillezucker einrühren. Anschließend Öl, Joghurt sowie löffelweise das mit Backpulver und Schokolade vermischte Mehl dazugeben, alles gut verrühren. Den Teig in eine gefettete, mit Semmelbrösel ausgestreute Backform füllen. Im vorgeheizten Backofen bei 180 Grad ca. 50 Minuten backen. Puderzucker über den ausgekühlten Kuchen stäuben.

Bäckerschweinchens Wunderbaum

Im Garten der Bäckerschweinchen steht ein prächtiger, einzigartiger Wunderbaum. Vor vielen, vielen Jahren wurde er verzaubert und trägt seither jahrein, jahraus die herrlichsten Früchte. Jetzt gibt es gerade in Hülle und Fülle reife Zitronen, Ananas, Zwetschgen, Mandeln und Haselnüsse. Zur großen Freude der Bäckerschweinchen hat der Wunderbaum ihnen über Nacht eine süße Überraschung beschert. In den Ästen hängen Kännchen gefüllt mit der köstlichsten Nuss-Nougat-Creme. Diese süße Nachricht spricht sich schnell herum und immer mehr Bäckerschweinchen kommen zum Naschen herbei.

Zitronenkuchen

Zutaten

- 100 g Butter
- 175 g Zucker
- 3 Eier
- Saft und Schale einer unbehandelten Zitrone
- 150 g Mehl
- 50 g Speisestärke
- 2 Teelöffel Backpulver
- 100 ml Milch

Zubereitung

Aus den Zutaten einen Rührteig herstellen. Den Teig in eine gefettete mit Semmelbrösel ausgestreute Kastenform füllen. Im vorgeheizten Backofen bei 200 Grad ca. 45 Minuten backen. Möchte man den Zitronenkuchen glasieren, wird in der Zwischenzeit aus Puderzucker und Zitronensaft eine Glasur gerührt. Diese über den gebackenen, noch warmen Kuchen geben. Der Zitronenkuchen schmeckt auch mit Puderzucker bestäubt sehr gut.

15

Zwetschgenkuchen

Zutaten

Teig:
- 200 g Butter
- 200 g Zucker
- 1 Teelöffel Zimt
- 4 Eier
- 200 g Mehl
- 100 g Speisestärke
- 1 Päckchen Backpulver
- 100 g gemahlene Mandeln
- ⅛ l Milch

Füllung:
- 50 g gemahlene Mandeln
- 600 g Zwetschgen
- etwas Zucker, Zimt

Zubereitung

Aus den Teigzutaten einen Rührteig herstellen. Die Hälfte des Teiges in eine gefettete mit Semmelbrösel ausgestreute Springform füllen. Im vorgeheizten Backofen bei 200 Grad ca. 10 Minuten vorbacken. Nun nacheinander etwa 30 g gemahlene Mandeln und die entsteinten Zwetschgen auf den Kuchen geben. Zuletzt das Zucker-Zimtgemisch sowie die restlichen Mandeln darüber streuen. Danach mit dem übrigen Rührteig abdecken und in weiterer ca. 45 Minuten fertig backen.
Bäckerschweinchens Tipp für besonders leckeren Kuchengenuss: Zwetschgenkuchen mit Schlagsahne.

Feiner Kuchen mit Nuss-Nougat-Creme

Zutaten

- 125 g Butter
- 100 g Nuss-Nougat-Creme
- 150 g Zucker
- 1 Päckchen Vanillezucker
- 4 Eier
- 100 g Mehl
- 50 g Speisestärke
- 1 Päckchen Backpulver
- 100 g gemahlene Haselnüsse
- 2 Esslöffel Milch

Zubereitung

Butter schaumig schlagen. Nuss-Nougat-Creme dazugeben und gut mitrühren. Anschließend die restlichen Zutaten zu einem Rührteig nach dem Grundrezept verarbeiten. Den Teig in eine gefettete mit Semmelbrösel ausgestreute Kastenform füllen. Im vorgeheizten Backofen bei 175 Grad ca. 55 Minuten backen. Über den ausgekühlten Kuchen Puderzucker stäuben.

Ananas-Gugelhupf

Zutaten

Teig:
- 300 g Butter
- 200 g Zucker
- 5 Eier
- 400 g Mehl
- 1 Päckchen Backpulver
- 100 ml Milch

Außerdem:
- 1 Esslöffel Kakao
- 2 Esslöffel Milch
- 1 kleine Dose Ananas

Glasur:
- 120 g Puderzucker
- 2-3 Esslöffel Ananassaft

Zubereitung

Teigzutaten zu einem Rührteig verarbeiten. Von diesem etwa ⅓ in eine Schüssel geben, Kakao und Milch einrühren. Nun Ananaswürfelchen unter den hellen Teig ziehen, davon die Hälfte in eine gefettete mit Semmelbrösel ausgestreute Gugelhupfform füllen, darauf dunklen, zum Schluss restlichen hellen Teig geben. Für die Marmorierung den Teig mit einer Gabel durchziehen. Im vorgeheizten Backofen bei 175 Grad ca. 60 Minuten backen. Puderzucker und Ananassaft glatt rühren, damit den noch warmen Gugelhupf glasieren oder auf den erkalteten Kuchen Puderzucker stäuben.

Quarkkuchen

Zutaten
- 100 g Butter
- 200 g Puderzucker
- 1 Päckchen Vanillezucker
- 4 Eigelb
- 250 g Schichtkäse
- 200 g Mehl
- 100 g Speisestärke
- 1 Päckchen Backpulver
- 50 ml Milch
- 4 Eiweiß

Zubereitung

Wie im Rührteig-Grundrezept Seite 12 beschrieben aus Butter, Zucker, Vanillezucker, Eigelb eine schaumige Masse zubereiten. Nacheinander den gut abgetropften Schichtkäse, das mit Speisestärke und Backpulver vermischte Mehl sowie die Milch einrühren. Zum Schluss steifgeschlagenes Eiweiß unterziehen. Anschließend den Teig in eine gefettete mit Semmelbrösel ausgestreute Kastenform füllen. Im vorgeheizten Backofen bei 180 Grad ca. 65 Minuten backen. Nach dem Auskühlen Puderzucker über den Quarkkuchen stäuben.

Freund Eberli lässt grüßen …

Schweizer Nusskuchen

Zutaten

- 200 g Butter
- 250 g Zucker
- 6 Eier
- 150 g Mehl
- 1 Teelöffel Backpulver
- 1 Teelöffel Kakao
- 200 g gemahlene Haselnüsse
- 200 g Schokoraspel

Zubereitung

Einen Rührteig nach dem Grundrezept von Seite 12 zubereiten. Zum Schluss Kakao, gemahlene Haselnüsse einrühren und Schokoraspel unterziehen. Den Teig in eine gefettete mit Semmelbrösel ausgestreute Backform füllen. Im vorgeheizten Backofen bei 180 Grad ca. 45 Minuten backen. Den ausgekühlten Nusskuchen mit Puderzucker bestäuben.

Mürbteig

Zubereitung

Das mit Backpulver vermischte Mehl auf eine Arbeitsfläche sieben. In die Mitte eine Vertiefung drücken, Zucker und Ei hinein geben, mit etwas Mehl verrühren. Auf den Mehlrand die kalte, klein-geschnittene Butter legen, alles zu einem glatten Teig kneten. Diesen zugedeckt etwa eine Stunde bis zur Weiterverarbeitung in den Kühl-schrank stellen.

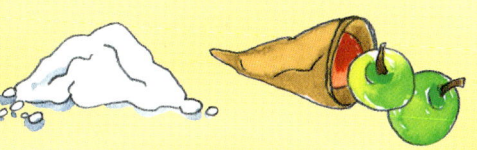

Apfel-Mandel-Quiche

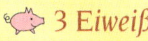

Zutaten

Teig:
- 225 g Mehl
- ½ Teelöffel Backpulver
- 80 g Zucker
- 1 Päckchen Vanillezucker
- 1 Ei
- 2 Esslöffel Crème fraîche
- 100 g Butter

Belag:
- 1 kg mürbe Äpfel
- 3 Esslöffel Zucker
- 1 Teelöffel Zimt
- 100 g Rosinen
- 3 Eigelb
- 3 Esslöffel lauwarmes Wasser
- 150 g Puderzucker
- 1 Päckchen Vanillezucker
- 300 g gemahlene Mandeln
- 3 Eiweiß

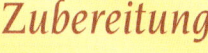

Zubereitung

Nach dem Grundrezept Seite 22 die Teigzutaten zu einem Mürbteig verarbeiten, kaltstellen. Für den Belag Äpfel schälen, Kerngehäuse entfernen und in kleine Stücke schneiden. Unter diese Zucker, Zimt, Rosinen mischen, durchziehen lassen. Anschließend den auf einer bemehlten Arbeitsfläche ausgewellten Teig in eine gefettete Quicheform legen (Teigboden mehrmals mit einer Gabel einstechen). Im vorgeheizten Backofen bei 200 Grad ca. 15 Minuten vorbacken. Währenddessen Eigelb, Wasser, Puderzucker, Vanillezucker schaumig schlagen, Mandeln und Eischnee unterziehen. Auf den etwas ausgekühlten Kuchenboden die Äpfel geben, darüber die Mandelmasse gleichmäßig verteilen. Das Apfel-Mandel-Quiche bei 180 Grad in weiteren ca. 45 Minuten fertig backen. Es kann warm oder kalt gegessen werden.

Rhabarber-Köstlichkeit

Zutaten

🐷 **Teig:** 🐷

🐷 225 g Mehl

🐷 ½ Teelöffel Backpulver

🐷 80 g Zucker

🐷 1 Päckchen Vanillezucker

🐷 1 Ei

🐷 1 Esslöffel Wasser

🐷 100 g Butter

🐷 **Belag:** 🐷

🐷 ⅛ l Wasser

🐷 200 g Zucker

🐷 1 Päckchen Vanillezucker

🐷 1 kg Rhabarber

🐷 ¼ l Milch

🐷 1 Becher süße Sahne

🐷 1 Päckchen Vanille-puddingpulver

🐷 2 Esslöffel Zucker

Zubereitung

Aus den Teigzutaten einen Mürbteig zubereiten, kaltstellen. Wasser mit Zucker und Vanillezucker zum Kochen bringen, den geschälten, kleingeschnittenen Rhabarber hinein geben, kurz aufkochen, danach abseihen. Nun einen Pudding nach Packungsanweisung aus Milch, Sahne, Puddingpulver, Zucker kochen. Rhabarber und Pudding abkühlen lassen. Den Teig auf einer bemehlten Arbeitsfläche auswellen, in eine gefettete Quicheform legen (Teigboden mehrmals mit einer Gabel einstechen). Im vorgeheizten Backofen bei 200 Grad 10 Minuten vorbacken. Anschließend Rhabarber auf dem Kuchenboden verteilen, darüber gleichmäßig die Puddingmasse streichen. In weiteren 30 Minuten fertig backen. Die Rhabarber-Köstlichkeit ist ein besonders leckeres Rezept aus Bäckerschweinchens-Backstube und kann warm oder kalt serviert werden.

Bäckerschweinchens Kirschen-Schmaus

Zutaten

 Teig:

- 200 g Mehl
- ½ Teelöffel Backpulver
- 2 Esslöffel Kakao
- 100 g Zucker
- 1 Ei
- 125 g Butter

Belag:

- 2 Gläser Kirschen
- 3 Eier
- 80 g Zucker
- 1 Teelöffel Zimt
- 1 Becher Crème fraîche
- 1 Becher Naturjoghurt
- 1 Esslöffel Speisestärke

Zubereitung

Alle Teigzutaten zu einem Mürbteig verarbeiten, kaltstellen. Diesen auf einer bemehlten Arbeitsfläche auswellen und in eine gefettete Quiche-form legen (Teigboden mehrmals mit einer Gabel einstechen). Im vorge-heizten Backofen bei 200 Grad 15 Minuten vorbacken. Während-dessen den Guss zubereiten. Eier mit Zucker und Zimt schaumig schlagen. Danach Crème fraîche, Joghurt sowie Speisestärke einrühren. Nun auf den etwas ausgekühlten Kuchen-boden die gut abgetropften Kirschen geben, darüber den Guss verteilen. Das Quiche bei 180 Grad in weiteren ca. 35 Minuten fertig backen.

Kringel und Blümchen à la carte

Zutaten
🐷 300 g Mehl
🐷 ½ Teelöffel Backpulver
🐷 50 g Zucker
🐷 1 Päckchen Vanillezucker
🐷 2 Eier
🐷 3 Esslöffel Schmand
🐷 75 g Butter

🐷 Fett zum Ausbacken
🐷 etwas Zucker, Zimt

Zubereitung
Die Zutaten zu einem Mürbteig verarbeiten, kaltstellen. Danach den Teig auf einer bemehlten Arbeitsfläche ca. ½ cm dick auswellen, mit Förmchen Kringel und Blümchen ausstechen. Diese in heißem Fett schwimmend goldbraun ausbacken. Anschließend in Zucker-Zimtgemisch wälzen.

Die Bäckerschweinchen servieren zu Kringel und Blümchen à la carte gerne Apfelmus oder Kompott.

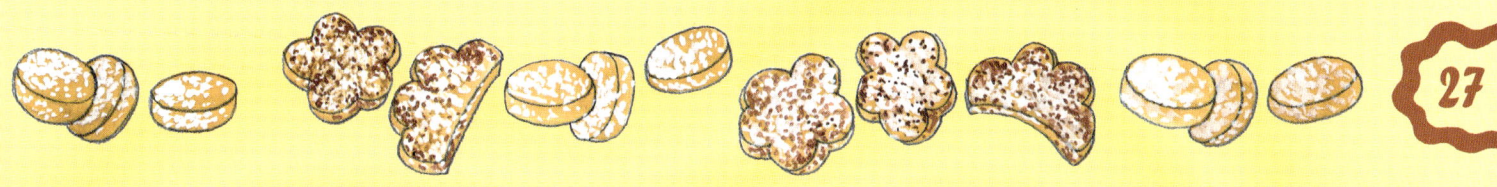

Bananen-Minis frisch aus der Backstube

Zutaten

- 🐷 3 Bananen
- 🐷 2 Esslöffel Zucker
- 🐷 180 g Mehl
- 🐷 1 Päckchen Vanillezucker
- 🐷 3 Eigelb
- 🐷 knapp 200 ml Milch
- 🐷 3 Eiweiß
- 🐷 Fett zum Ausbacken
- 🐷 etwas Zucker

Zubereitung

Bananen in Scheiben schneiden, Zucker darüber streuen und vorsichtig umrühren. Mehl, Vanillezucker, Eigelb, Milch verrühren, den Eischnee unterziehen. Jeweils eine Bananenscheibe mit etwa einem Esslöffel Teig umhüllen, in das heiße Fett geben und schwimmend goldbraun ausbacken. Zum Schluss die Minis in Zucker wälzen. Die Bananen-Minis sind ein Geheimtipp der Bäckerschweinchen – sie schmecken einfach köstlich!

Apfel-Pfannkuchen vom Blech

Zutaten

-  100 g Mehl
- 2 Esslöffel Zucker
- 3 Eigelb
- ¼ l Milch
- 250 g Äpfel
- 3 Eiweiß
- 4 Esslöffel Zucker
- 1 Esslöffel Zimt

Zubereitung

Das Backblech in den Backofen schieben, diesen auf 225 Grad vorheizen. Mehl, Zucker, Eigelb, Milch zu einem glatten Teig verrühren. Äpfel schälen, Kerngehäuse entfernen und in feine Scheiben schneiden. Anschließend den Teig auf das heiße, gefettete Backblech gießen, darüber Apfelscheiben sowie löffelweise das mit 1 Esslöffel Zucker steifgeschlagene Eiweiß verteilen. Nun restlichen Zucker und Zimt vermischen, über den Pfannkuchen streuen. Den Apfel-Pfannkuchen im Backofen ca. 12 Minuten backen, gleich servieren.

Im Café der Bäckerschweinchen essen die Gäste den Apfel-Pfannkuchen am liebsten mit Vanilleeis.

Zwetschgen-Süßspeise

Zutaten

- 700 g Zwetschgen
- 125 g Zucker
- 1 Esslöffel Zimt
- 5 Brötchen vom Vortag
- ¼ l Milch
- 2 Eier
- 4 Esslöffel Zucker
- 30 g Butter

Zubereitung

Entsteinte Zwetschgen mit Zucker und Zimt vermischen, durchziehen lassen. Feingeschnittene Brötchenscheiben in eine flache gefettete Auflaufform geben. Nun Milch, Eier, Zucker, zerlassene Butter verquirlen, über die Brötchenscheiben gießen, danach mit den Zwetschgen belegen. Im vorgeheizten Backofen bei 200 Grad ca.1 Stunde backen. Die Zwetschgen-Süßspeise kann heiß oder kalt gegessen werden.

Erdbeertraum

Zutaten

- 500 g Erdbeeren
- 80 g Zucker
- 2 Eigelb
- 75 g Puderzucker
- 75 g gemahlene Mandeln
- 50 g Mehl
- 50 g Speisestärke
- ½ Becher Crème fraîche
- 2 Eiweiß

Zubereitung

Erdbeeren einzuckern, durchziehen lassen. Eigelb schaumig schlagen, löffelweise Zucker dazugeben, gut rühren. Anschließend die mit etwas Erdbeersaft vermischten Mandeln sowie Mehl, Speisestärke, Crème fraîche in die Eigelbmasse einrühren. Den Eischnee und die abgetropften Erdbeeren unterheben. Im vorgeheizten Backofen bei 200 Grad ca. 45 Minuten backen.

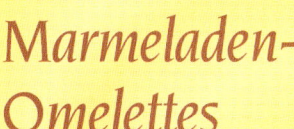

Marmeladen-Omelettes

Zutaten

- 6 Eigelb
- 1 Esslöffel Puderzucker
- 1 Päckchen Vanillezucker
- 2 Esslöffel Speisestärke
- 1 Messerspitze Backpulver
- 100 ml lauwarme Milch
- 6 Eiweiß
- 1 Esslöffel Puderzucker
- etwas Marmelade

Zubereitung

Eigelb, Zucker, Vanillezucker schaumig schlagen. Speisestärke und Backpulver vermischen, zusammen mit der Milch einrühren. Danach das mit Zucker steifgeschlagene Eiweiß unterziehen. Etwas Fett in einer Pfanne bei niedriger Temperatur zergehen lassen, einen Teil der Schaummasse einfüllen (Teigmenge reicht für vier Omelettes). Auf die Pfanne einen vorgewärmten Deckel geben und das Omelette ca. 10 Minuten hellbraun backen, anschließend aus der Pfanne auf einen Teller gleiten lassen. Die Oberseite des Omelettes mit Marmelade bestreichen, eine Hälfte über die andere schlagen und Puderzucker darüber stäuben.

Quarkküchlein

Zutaten

- 50 g Butter
- 100 g Zucker
- 1 Päckchen Vanillezucker
- 2 Eier
- 500 g Quark
- 150 g Mehl
- Fett zum Ausbacken

Zubereitung

Butter schaumig schlagen. Zucker, Vanillezucker, Eier dazugeben, gut mitrühren. Danach Quark und Mehl unterrühren. Nun in das heiße Fett kleine Teighäufchen setzen, diese zu Küchlein flach drücken und goldbraun ausbacken.

Süßes vom Blech

Zutaten

- 120 g Butter
- 1 Päckchen Vanillezucker
- 6 Eigelb
- 250 g Mehl
- 200 ml Milch
- 6 Eiweiß
- 150 g Zucker

Zubereitung

Butter, Vanillezucker schaumig schlagen. Nach und nach die Eigelb einrühren. Anschließend Mehl und Milch dazugeben, alles zu einem leicht flüssigen Teig verrühren. Eiweiß mit Zucker steif schlagen, unter den Teig ziehen. Diesen auf ein gefettetes Backblech gießen und im vorgeheizten Backofen bei 180 Grad ca. 45 Minuten backen. Danach die Mehlspeise in kleine Stücke schneiden, Puderzucker darüber stäuben.

Hefeteig

Zubereitung

Das Mehl in eine Schüssel sieben. In die Mitte eine Mulde drücken, Hefe hinein bröckeln, etwas Zucker darüber streuen. Hefe und Zucker mit etwas lauwarmer Milch glatt rühren, mit Mehl bestäuben. Die Schüssel mit einem Geschirrtuch abdecken. Den Vorteig ca. 15 Minuten gehen lassen. Restliche Milch, weiche Butter, Zucker oder Salz, Eier dazugeben, zu einem glatten Teig kneten, so lange abschlagen bis er Blasen wirft, sich von der Schüssel löst und glänzt. Den Teig mit einem Tuch abdecken und bei Zimmertemperatur etwa 1 Stunde gehen lassen (bis er sich verdoppelt hat). Nochmals durchkneten, entsprechend dem jeweiligen Rezept weiterverarbeiten.

Bäckerschweinchens süße Bagels

Zutaten

- 400 g Mehl
- 50 g gemahlene Haselnüsse
- ½ Würfel Hefe
- 1 Esslöffel Zucker
- 150 ml lauwarmes Wasser
- 50 g Butter
- Bagel-Ausstecherform

Zubereitung

Nach dem Grundrezept die Teigzutaten zu einem Hefeteig verarbeiten. Danach den Teig auf einer bemehlten Arbeitsfläche ca. 2 cm dick auswellen und Bagels ausstechen (Teigmenge reicht für 10 Bagels), zugedeckt 15 Minuten gehen lassen. Nun jeden Bagel etwa 1 Minute in kochendes Wasser geben, anschließend mit dem Schaumlöffel heraus nehmen. Die gekochten, gut abgetropften Bagels auf ein mit Back-Trennpapier ausgelegtes Backblech setzen. Im vorgeheizten Backofen bei 200 Grad ca. 20 Minuten backen.

In der Backstube schneiden die Bäckerschweinchen die gebackenen Bagels auf, bestreichen diese mit Butter und ihrer Lieblingsmarmelade.

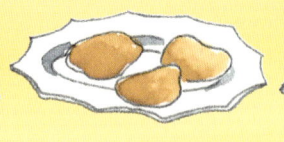

Bäcker-schweinchens Schneckennudeln

Zutaten

🐷 **Teig:** 🐷
🐷 500 g Mehl
🐷 1 Würfel Hefe
🐷 100 g Zucker
🐷 2 Eier
🐷 200 ml lauwarme Milch
🐷 100 g Butter

🐷 **Füllung:** 🐷
🐷 60 g gemahlene Haselnüsse
🐷 80 g Zucker
🐷 1 Teelöffel Zimt
🐷 ½ Becher süße Sahne
🐷 80 g Rosinen
🐷 **Außerdem:** 🐷
🐷 etwas Butter
🐷 2 Tassen lauwarme Milch

Zubereitung

Aus den Teigzutaten einen Hefeteig herstellen. Für die Füllung Haselnüsse, Zucker, Zimt, Sahne, Rosinen verrühren. Nun den Teig auf einer bemehlten Arbeitsfläche 1 cm dick rechteckig auswellen. Die Teigplatte mit etwas zerlassener Butter bestreichen, danach die Füllung gleichmäßig auftragen. Den Teig von der Längsseite her aufrollen. Die Teigrolle in ca. 5 cm dicke Scheiben schneiden. Alle Schneckennudeln in eine gefettete Auflaufform setzen und mit Milch übergießen. Im vorgeheizten Backofen bei 210 Grad etwa 1 Stunde backen. Zu den Schneckennudeln Vanillesoße reichen.

   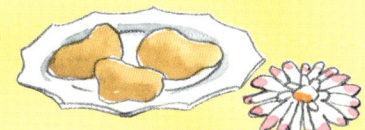 

Großmütterchen Rosa's beste Küchlein

Zutaten
🐷 **Teig:** 🐷
🐷 500 g Mehl
🐷 1 Würfel Hefe
🐷 80 g Zucker
🐷 1 Päckchen Vanillezucker
🐷 2 Eier
🐷 ¼ l lauwarme Milch
🐷 80 g Butter
🐷 **Außerdem:** 🐷
🐷 Fett zum Ausbacken
🐷 etwas Zucker, Zimt

Zubereitung

Aus den Teigzutaten einen Hefeteig zubereiten. Für jedes Küchlein mit einem Esslöffel etwas Teig abstechen und rund formen. Alle auf eine bemehlte Arbeitsfläche setzen, ca. 20 Minuten gehen lassen. Danach die Küchlein so auseinander ziehen, dass diese in der Mitte ganz dünn, außen herum dicker sind. Anschließend in heißem Fett schwimmend goldbraun ausbacken, der innere Teil bleibt hellgelb. Zum Schluss Zucker, Zimt vermischen und über Großmütterchen Rosa's beste Küchlein streuen.

Feine Waffeln

Zutaten

- 200 g Mehl
- 15 g Hefe
- etwas Wasser
- 80 g Zucker
- 1 Päckchen Vanillezucker
- 2 Eier
- 75 g Butter
- ½ Becher saure Sahne

Zubereitung

Aus den Zutaten einen leicht flüssigen Hefeteig herstellen. Diesen mit einem Tuch abdecken, bei Zimmertemperatur etwa 45 Minuten gehen lassen. Danach in das vorgeheizte, leicht eingefettete Waffeleisen einen kleinen Schöpflöffel Teig geben und goldbraun backen. Mit einer Gabel die Waffel heraus nehmen, auf einem Kuchengitter auskühlen lassen. Nacheinander alle Waffeln backen und Puderzucker darüber stäuben. Zu den Waffeln wird gerne Vanillesoße, Kompott oder Eis gereicht.

Quark-Quiche

Zutaten

🐷 Teig: 🐷
🐷 25 g Hefe
🐷 30 g Zucker
🐷 50 ml Milch
🐷 250 g Mehl
🐷 2 Eigelb
🐷 120 g Butter
🐷 Belag: 🐷
🐷 50 g Butter
🐷 80 g Zucker
🐷 1 Päckchen Vanillezucker
🐷 1 Ei
🐷 250 g Quark

Zubereitung

Hefe, Zucker, Milch verrühren. Anschließend Mehl, Eigelb, Butter sowie die Hefemilch auf einer Arbeitsfläche zu einem glatten Teig kneten. Danach auswellen und in eine gefettete Quiche-Form geben. Für den Belag Butter, Zucker, Vanillezucker, Ei schaumig schlagen, den Quark einrühren und die Masse gleichmäßig auf dem Teigboden verteilen. Im vorgeheizten Backofen bei 180 Grad ca. 40 Minuten backen. Das Quiche noch 10 Minuten im ausgeschalteten Backofen stehen lassen.

Dieses Quark-Quiche ist ein feines Mehlspeisenrezept aus Bäckerschweinchens Backstube und schmeckt warm oder kalt lecker.

Der Hefeteig wird ähnlich wie ein Mürbteig zubereitet. Er eignet sich besonders gut als Boden für Obstkuchen und süße Quiches.

Bäckerschweinchens Dampfnudelküche

Original Dampfnudel Grundrezept

Zutaten

- **Teig:**
- 500 g Mehl
- ½ Würfel Hefe
- 60 g Zucker
- knapp ¼ l lauwarme Milch
- 2 Eier
- 80 g Butter
- **Außerdem:**
- ¼ l Wasser
- etwas Salz
- 50 g Butter

Zubereitung

Die Teigzutaten zu einem Hefeteig verarbeiten. Aus diesem 8–10 Kugeln formen, alle auf eine bemehlte Arbeitsfläche setzen, mit einem Tuch abdecken und etwa 30 Minuten gehen lassen.

Wasser, Salz, Butter in einer Kasserolle zum Kochen bringen, die Dampfnudeln hinein geben (dicht nebeneinander setzen). Zugedeckt bei schwacher Hitze köcheln lassen bis die ganze Flüssigkeit eingezogen ist (ca. 30 Minuten). Den Deckel während der Garzeit nicht abnehmen, da die Dampfnudeln sonst zusammen fallen. Anschließend diese vorsichtig aus der Kasserolle nehmen und mit Vanillesoße oder Kompott servieren.

Dampfnudel-Variation

Zutaten

- **Teig:**
- Siehe Grundrezept
- **Außerdem:**
- ¼ l Milch
- 30 g Zucker
- 50 g Butter

Zubereitung

Den Teig für die Dampfnudeln nach dem Grundrezept zubereiten. Anschließend Milch, Zucker, Butter in einer Kasserolle zum Kochen bringen, darin die Dampfnudeln wie im Grundrezept beschrieben garen.

Apfel-Dampfnudeln

Zutaten

🐷 **Teig:** 🐷

🐷 Siehe Grundrezept

🐷 **Außerdem:** 🐷

🐷 1 kg Äpfel

🐷 100 g Zucker

🐷 2 Teelöffel Zimt

🐷 ⅛ l Wasser

🐷 30 g zerlassene Butter

Zubereitung

Den Teig für die Dampfnudeln nach dem Grundrezept zubereiten. Äpfel schälen, Kerngehäuse entfernen und in ca. 1 cm dicke Scheiben schneiden. Apfelscheiben mit Zucker und Zimt vermischen, gut durchziehen lassen. In eine große gefettete Auflaufform das Wasser sowie die eingezuckerten Äpfel geben. Darauf die Dampfnudeln dicht nebeneinander setzen, mit zerlassener Butter bestreichen. Im vorgeheizten Backofen bei 190 Grad ca. 30 Minuten backen.

Gefüllte Dampfnudeln

Zutaten

🐷 **Teig:** 🐷

🐷 Siehe Grundrezept

🐷 **Außerdem:** 🐷

🐷 200 g frische Heidelbeeren

🐷 30 g zerlassene Butter

Zubereitung

Den Teig für die Dampfnudeln nach dem Grundrezept zubereiten. Anschließend diesen auf einer bemehlten Arbeitsfläche ca. 1 cm dick auswellen und Kreise von etwa 10 cm ⌀ ausstechen. In jede Kreismitte Heidelbeeren geben, den Teig darüber schlagen und zu einer Dampfnudel formen. Alle mit einem Tuch abdecken, 30 Minuten gehen lassen. Danach die Dampfnudeln in eine gefettete Kasserolle setzen, mit zerlassener Butter bestreichen. Im vorgeheizten Backofen bei 190 Grad ca. 30 Minuten backen.
Zur Kirschenzeit kann man dieses Dampfnudelrezept auch mit frischen, entsteinten Kirschen zubereiten.

Quark-Dampfnudeln

Zutaten

🐷 **Teig:** 🐷

🐷 350 g Mehl

🐷 ½ Würfel Hefe

🐷 100 g Zucker

🐷 1 Päckchen Vanillezucker

🐷 2 Eigelb

🐷 etwas lauwarme Milch

🐷 80 g Butter

🐷 150 g Schichtkäse

🐷 **Außerdem:** 🐷

🐷 etwas Butter

🐷 250 ml lauwarme Milch

Zubereitung

Die Teigzutaten zu einem Hefeteig verarbeiten, daraus ca. 10 Kugeln formen. Diese in eine gefettete Auflaufform dicht nebeneinander setzen, etwa 15 Minuten gehen lassen. Nun alle Quark-Dampfnudeln mit zerlassener Butter bestreichen, anschließend lauwarme Milch darüber gießen. Im vorgeheizten Backofen bei 200 Grad ca. 45 Minuten backen.

Pfirsich-Küchlein

Zutaten

- 125 g Butter
- 100 g Zucker
- 1 Päckchen Vanillezucker
- 2 Eier
- 250 g Mehl
- ½ Päckchen Backpulver
- 2 Esslöffel Crème fraîche
- 1 Dose Pfirsiche

Zubereitung

Butter schaumig schlagen. Abwechselnd Zucker, Vanillezucker und Eier dazugeben, gut mitrühren. Danach das mit Backpulver vermischte Mehl sowie Crème fraîche einrühren. Zum Schluss die abgetropften, kleingeschnittenen Pfirsiche untermischen. Nun jeweils einen gehäuften Esslöffel Teig auf ein mit Back-Trennpapier ausgelegtes Backblech geben (nicht zu dicht setzen, da die Küchlein auseinander laufen). Im vorgeheizten Backofen bei 200 Grad ca. 25 Minuten backen. Nach dem Auskühlen Puderzucker über die Pfirsich-Küchlein stäuben.

Heidelbeer-Mehlspeise

Zutaten

- 2 Gläser Heidelbeeren
- 100 g Mehl
- 1 Messerspitze Backpulver
- 75 g Zucker
- 1 Päckchen Vanillezucker
- 5 Eigelb
- 300 ml Milch
- 5 Eiweiß

Zubereitung

Die gut abgetropften Heidelbeeren in eine gefettete Quicheform geben. Das mit Backpulver vermischte Mehl sowie Zucker, Vanillezucker, Eigelb und Milch zu einem glatten Teig verrühren, steifgeschlagenes Eiweiß unterziehen. Den Teig gleichmäßig über den Heidelbeeren verteilen. Im vorgeheizten Backofen bei 200 Grad ca. 40 Minuten backen.

Zur Heidelbeerzeit kann diese Mehlspeise auch mit frischen Heidelbeeren zubereitet werden. Hierfür 500 g Heidelbeeren und 50 g Zucker vermischen, durchziehen lassen.

Es war einmal ein dicker, fetter Pfannkuchen…
Während Großmütterchen Rosa dieses schöne Märchen vorliest, bereiten die
Bäckerschweinchen ihre besten Pfannkuchen-Spezialitäten in der Backstube zu.

Nuss-Pfannkuchen

Zutaten

🐷 100 g Mehl
🐷 5 Eigelb
🐷 60 g Zucker
🐷 1 Päckchen Vanillezucker
🐷 ¼ l Milch
🐷 100 g gemahlene Haselnüsse
🐷 5 Eiweiß
🐷 Fett zum Ausbacken

Zubereitung

Mehl, Eigelb, Zucker, Vanillezucker, Milch, Haselnüsse gut verrühren, den Eischnee unterziehen.
In heißem Fett Pfannkuchen ausbacken. Vor dem Servieren mit
Puderzucker bestäuben.

Brötchen-Pfannkuchen

Zutaten

- 3 Brötchen vom Vortag
- ¼ l Milch
- 4 Eier
- 2 Esslöffel Zucker
- etwas Zimt
- Fett zum Ausbacken

Zubereitung

Die Brötchen in kleine, dünne Scheiben schneiden. Milch darüber gießen, durchziehen lassen. Eier, Zucker und Zimt verquirlen, zu der Brötchenmasse geben, gut vermischen. In heißem Fett kleine Pfannkuchen ausbacken. Vor dem Servieren diese mit Puderzucker bestäuben oder Zucker und Zimt darüber streuen.

Sahne-Pfannkuchen

Zutaten

- 60 g Mehl
- 4 Eigelb
- 30 g Zucker
- 1 Päckchen Vanillezucker
- 1 Becher saure Sahne
- 4 Eiweiß
- Fett zum Ausbacken

Zubereitung

Mehl, Eigelb, Zucker, Vanille-zucker, saure Sahne gut verrühren, das steifgeschlagene Eiweiß unter-ziehen. In heißem Fett kleine Pfannkuchen ausbacken, mit Puderzucker bestäubt anrichten.

Hefe-Pfannkuchen

Zutaten

- 30 g Hefe
- 80 g Zucker
- 1 Päckchen Vanillezucker
- 300 g Mehl
- 4 Eier
- ½ l Milch
- Fett zum Ausbacken

Zubereitung

Zerbröckelte Hefe, etwas Zucker mit ca. ⅛ l Milch glatt rühren. Anschließend Zucker, Vanillezucker, Mehl, Eier und restliche Milch verrühren. Zum Schluss die Hefemilch gut untermischen. Den Teig zugedeckt 45 Minuten gehen lassen. Danach Pfannkuchen in heißem Fett ausbacken. Die Hefe-Pfannkuchen mit Kompott oder Apfelmus servieren.

Bananen-Pfannkuchen

Zutaten

- 2 Bananen
- 30 g Zucker
- 2 Eier
- 150 g Mehl
- ½ Teelöffel Backpulver
- 60 g gemahlene Mandeln
- ¼ l Milch
- Fett zum Ausbacken

Zubereitung

Zuerst die Bananen pürieren. Anschließend Zucker, Eier dazugeben und schaumig schlagen. Danach das mit Backpulver vermischte Mehl sowie die Mandeln zufügen und mit der Milch zu einem glatten Teig verrühren. In heißem Fett dünne Pfannkuchen ausbacken. Vor dem Servieren Puderzucker darüber stäuben.

Pfannkuchen mit Mandelfüllung

Zutaten

Teig:
- 180 g Butter
- 90 g Zucker
- 1 Päckchen Vanillezucker
- 9 Eigelb
- 180 g Mehl
- 90 ml süße Sahne
- 9 Eiweiß
- Fett zum Ausbacken

Füllung:
- 75 g gemahlene Mandeln
- 130 ml Milch
- 50 g Zucker
- 1 Päckchen Vanillezucker
- 100 g Schokolade

Zubereitung

Butter schaumig schlagen. Abwechselnd Zucker, Vanillezucker, Eigelb dazugeben, zu einer cremigen Masse rühren. Nach und nach das Mehl sowie die Sahne einrühren. Anschließend den Eischnee unterziehen. In heißem Fett dünne Pfannkuchen ausbacken, warm stellen. Für die Füllung die gemahlenen Mandeln in der Milch weich kochen, Zucker, Vanillezucker, zerbröckelte Schokolade zufügen, so lange rühren bis die Schokolade geschmolzen ist. Alle Pfannkuchen mit der Füllung bestreichen und locker aufrollen.

Pfannkuchen mit Quarkfüllung

Zutaten

Teig:
- 250 g Mehl
- 4 Eier
- 50 g Zucker
- 1 Päckchen Vanillezucker
- ½ l Milch
- Fett zum Ausbacken

Füllung:
- 200 g Lieblingsmarmelade
- 500 g Quark
- 100 g Zucker
- 1 Päckchen Vanillezucker
- ½ Becher süße Sahne

Zubereitung

Die Teigzutaten zu einem glatten Teig verrühren. In heißem Fett dünne Pfannkuchen ausbacken, warm stellen. Für die Füllung Quark, Zucker, Vanillezucker und Sahne cremig rühren. Alle Pfannkuchen zuerst mit Marmelade bestreichen, darauf etwas Quarkcreme geben. Anschließend die Pfannkuchen locker aufrollen und Puderzucker darüber stäuben.

Pfannkuchen nach Bäckerschweinchen Art

Zutaten

- 250 g Mehl
- 8 Eigelb
- 100 g Zucker
- 1 Päckchen Vanillezucker
- 300 ml Milch
- 8 Eiweiß
- 120 g Butter

Zubereitung

Mehl, Eigelb, Zucker, Vanillezucker, Milch verrühren. Das steifgeschlagene Eiweiß unter den Pfannkuchenteig ziehen. In einer großen Pfanne etwa 30 g Butter erhitzen, ca. ¼ der Teigmasse hinein geben. Den dicken Pfannkuchen beidseitig goldbraun backen, diesen anschließend mit zwei Bratenwendern in Stückchen zerkleinern, auf eine Platte geben und warm stellen. Nun die anderen drei Teigportionen ebenso backen und zerkleinern. Zum Schluss Puderzucker darüber stäuben.

Die Pfannkuchen nach Bäckerschweinchen Art sind ein gutes Rezept aus der einfachen, schnellen Küche. Sie werden gerne mit Apfelmus gegessen.

Süße Mohnschnecken

Zutaten

Teig:

- 400 g Mehl
- 1 Teelöffel Backpulver
- 150 g Zucker
- 2 Eier
- 6 Esslöffel Wasser
- 150 g Butter

Füllung:
- 125 g gemahlener Mohn
- 125 g Zucker
- 1 Päckchen Vanillezucker
- 1 ½ Becher Schmand
- 2 Tassen Milch

Zubereitung

Alle Teigzutaten zu einem glatten Teig kneten, kaltstellen. Für die Füllung Mohn, Zucker, Vanillezucker und Schmand verrühren. Nun den Teig auf einer bemehlten Arbeitsfläche rechteckig auswellen und die Mohnmasse gleichmäßig darauf verteilen. Den Teig von der Längsseite her aufrollen. Die Teigrolle in ca. 5 cm dicke Scheiben schneiden. Diese dicht nebeneinander in eine gefettete, feuerfeste Form setzen. Anschließend mit der Milch übergießen. Die süßen Mohnschnecken im vorgeheizten Backofen bei 190 Grad ca. 1 Stunde backen.

Große Bällchen

Zutaten

🐷 **Teig:** 🐷
🐷 150 g Quark
🐷 5 Esslöffel Milch
🐷 5 Esslöffel Öl
🐷 100 g Zucker
🐷 1 Päckchen Vanillezucker
🐷 300 g Mehl
🐷 1 Päckchen Backpulver
🐷 **Außerdem:** 🐷
🐷 ca. 200 g Marmelade
🐷 etwas Milch
🐷 Fett zum Ausbacken

Zubereitung

Quark, Milch, Öl, Zucker, Vanillezucker gut verrühren. Anschließend das mit Backpulver vermischte Mehl einarbeiten. Den Teig auf einer bemehlten Arbeitsfläche etwa ½ cm dick auswellen und Kreise von ca. 8 cm Ø ausstechen. Auf die Hälfte der Kreise in die Mitte etwas Marmelade geben. Jeden Kreisrand mit Milch bestreichen, jeweils einen Kreis darauf legen und die Ränder rundherum gut andrücken. Die Bällchen in heißem Fett ausbacken. Danach Puderzucker darüber stäuben.

Kleine Bällchen

Zutaten

🐷 300 g Schichtkäse
🐷 150 g Zucker
🐷 1 Päckchen Vanillezucker
🐷 2 Eier
🐷 200 g Mehl
🐷 ½ Teelöffel Backpulver
🐷 etwas Zwiebackbrösel
🐷 Fett zum Ausbacken

Zubereitung

Schichtkäse, Zucker, Vanillezucker, Eier cremig schlagen. Das mit Backpulver vermischte Mehl dazugeben, gut verrühren. Den Teig 1 Stunde kaltstellen. Anschließend kleine Bällchen formen (mit Hilfe von 2 Teelöffeln), in Zwiebackbrösel wälzen und in heißem Fett ausbacken. Zu den Bällchen Kompott servieren.

Kirschrollen

Zutaten

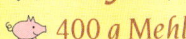
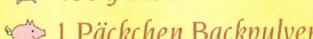

Teig:
- 400 g Mehl
- 1 Päckchen Backpulver
- 120 g Zucker
- 1 Päckchen Vanillezucker
- 1 Ei
- 125 g Quark
- 100 g Butter

Füllung:
- 1 Glas Sauerkirschen
- (Saft aufheben)
- 2 Esslöffel Zucker
- 2 Esslöffel Speisestärke
- 1 Teelöffel Zimt
- 125 ml Kirschsaft

Außerdem:
- Milch zum Bestreichen

Zubereitung

Alle Teigzutaten zu einem Mürbteig verarbeiten (siehe Grundrezept Seite 22). Für die Füllung Zucker, Speisestärke, Zimt mit Kirschsaft verrühren, einmal aufkochen, Kirschen untermischen, danach kaltstellen. Nun den Teig in zwei Portionen teilen und auf einer bemehlten Arbeitsfläche jeweils rechteckig auswellen. Die Füllung auf den Teigplatten verteilen, an allen Seiten einen ca. 5 cm breiten Rand frei lassen. Beide Längsseiten jeder Teigplatte zu einer Rolle übereinander schlagen, gut andrücken, Seitenränder nach oben umschlagen. Die Kirschrollen auf ein gefettetes Backblech legen (umgeschlagene Seiten nach unten). Beide Oberflächen mit Milch bestreichen und im Abstand von etwa 4 cm ca. ½ cm tief quer einschneiden. Im vorgeheizten Backofen bei 190 Grad etwa 30 Minuten backen. Vor dem Servieren Puderzucker über die Kirschrollen stäuben.

Quark-Knödel

Zutaten

🐷 **Teig:** 🐷
🐷 2 Scheiben Toastbrot
🐷 250 g Quark
🐷 40 g Zucker
🐷 1 Päckchen Vanillezucker
🐷 2 Eigelb
🐷 30 g Mehl
🐷 1 Messerspitze Backpulver
🐷 **Außerdem:** 🐷
🐷 30 g Butter
🐷 2 Esslöffel Semmelbrösel
🐷 1 Esslöffel Zucker
🐷 ½ Teelöffel Zimt

Zubereitung

Die zerbröselten Brotscheiben, den gut abgetropften Quark, Zucker, Vanillezucker, Eigelb und das mit Backpulver vermischte Mehl zu einem glatten Teig kneten, 1 Stunde kaltstellen. Danach aus der Teigmasse kleine Knödel formen. Diese in leicht gesalzenes, kochendes Wasser geben, bei schwacher Hitze so lange ziehen lassen bis sie an die Oberfläche steigen. Die Knödel mit einem Schaumlöffel heraus nehmen. Nach dem Abtropfen auf eine Platte legen, warm stellen. Anschließend unter die zerlassene Butter Semmelbrösel, Zucker, Zimt rühren und über die Quark-Knödel geben.

Zwetschgen-Knödel

Zutaten

🐷 **Teig:** 🐷
🐷 80 g Butter
🐷 30 g Zucker
🐷 1 Päckchen Vanillezucker
🐷 1 Ei
🐷 300 g Schichtkäse
🐷 100 g Mehl
🐷 1 Messerspitze Backpulver
🐷 **Außerdem:** 🐷
🐷 10 getrocknete Zwetschgen
🐷 etwas Butter

Zubereitung

Butter schaumig schlagen. Zucker, Vanillezucker, Ei dazugeben, mitrühren. Danach den Schichtkäse sowie das mit Backpulver vermischte Mehl zufügen und zu einem glatten Teig verarbeiten, kaltstellen. Anschließend den Teig auf einer bemehlten Arbeitsfläche zu einer ca. 6 cm dicken Rolle formen, diese in 10 Scheiben schneiden. Nun in die Mitte jeder Scheibe eine Zwetschge legen, den Teig darüber schlagen und zu einer Kugel formen. Alle Knödel in leicht gesalzenes, kochendes Wasser geben, bei schwacher Hitze so lange ziehen lassen bis sie an die Oberfläche steigen. Die Knödel mit einem Schaumlöffel heraus nehmen und nach dem Abtropfen auf eine Platte legen, zerlassene Butter darüber verteilen. Zur Zwetschgenzeit kann man die Knödel auch mit reifen, entsteinten Zwetschgen herstellen. Bei der Zubereitung wird in jede Zwetschge ein Stück Würfelzucker gesteckt.

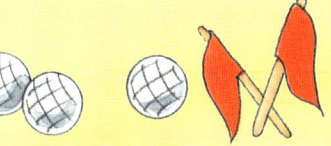

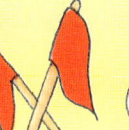

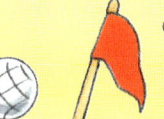

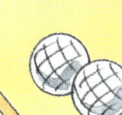

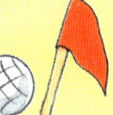

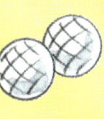

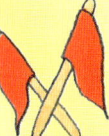

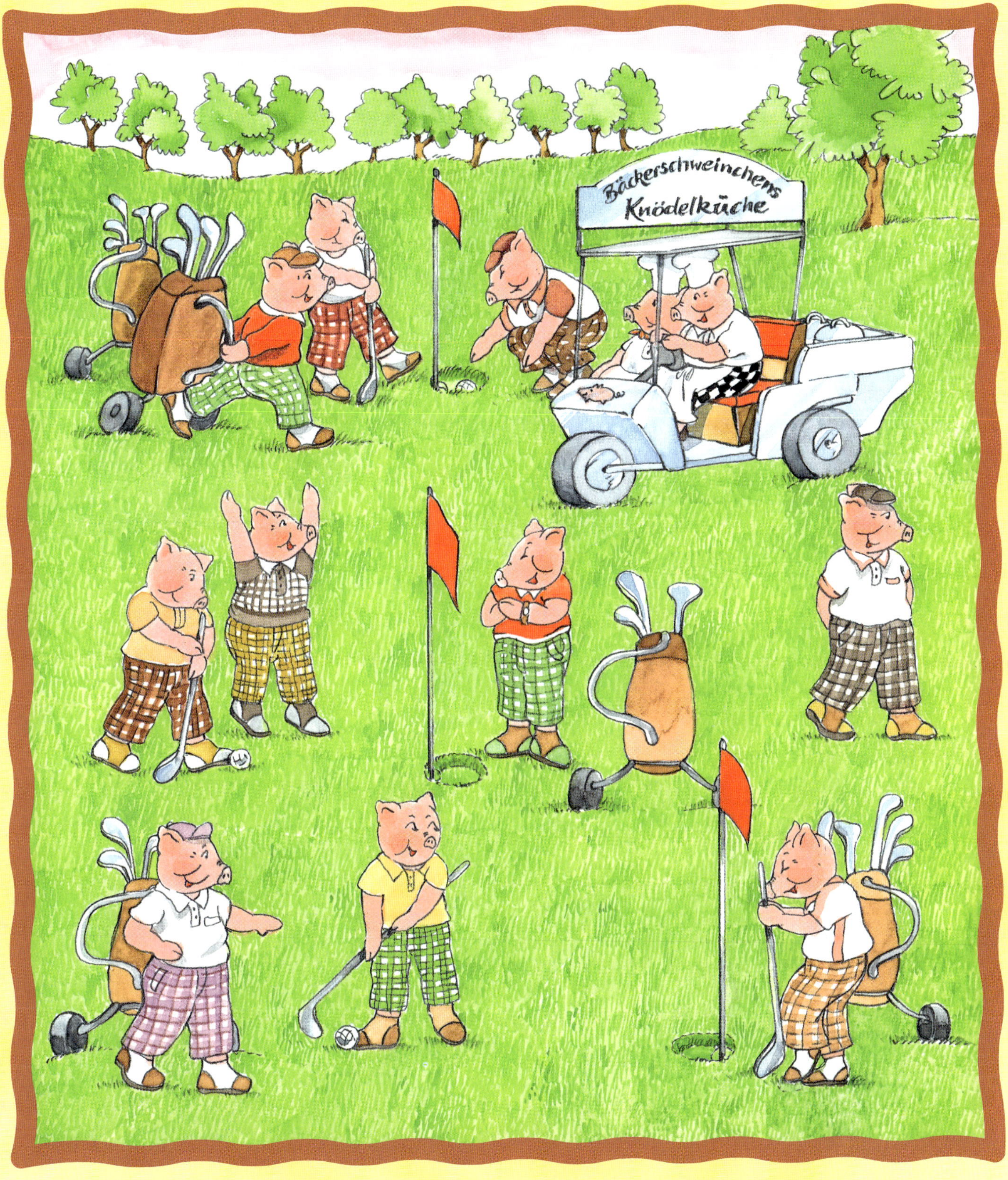
Bäckerschweinchens
Knödelküche

Krapfen

Zutaten

Teig:
- 500 g Mehl
- 30 g Hefe
- 70 g Zucker
- 1 Päckchen Vanillezucker
- 2 Eigelb
- 60 g Butter
- ¼ l lauwarme Milch

Außerdem:
- ½ Glas Marmelade
- 2 Eiweiß
- Fett zum Ausbacken

Zubereitung

Alle Teigzutaten zu einem Hefeteig verarbeiten (siehe Grundrezept Seite 34). Den Teig auf einer bemehlten Arbeitsfläche etwa 1 cm dick auswellen. Danach Kreise von ca. 8 cm ⌀ ausstechen. Auf die Hälfte der Kreise in die Mitte etwas Marmelade geben. Jeden Kreisrand mit leicht geschlagenem Eiweiß bestreichen, jeweils einen Kreis darauf legen und die Ränder rundherum gut andrücken. Alle Krapfen mit einem Geschirrtuch abdecken, ca. 30 Minuten gehen lassen. Anschließend in heißem Fett goldbraun ausbacken. Zum Schluss Puderzucker über die Krapfen stäuben.

Hefeküchlein

Zutaten

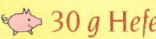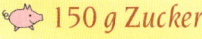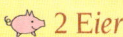

- 🐷 300 g Mehl
- 🐷 30 g Hefe
- 🐷 150 g Zucker
- 🐷 1 Päckchen Vanillezucker
- 🐷 2 Eier
- 🐷 250 g lauwarmes Crème fraîche
- 🐷 Muffin-Backblech

Zubereitung

Mehl in eine Schüssel sieben. In die Mitte eine Vertiefung drücken, zerbröckelte Hefe, 1 Esslöffel Zucker, etwas Crème fraîche hinein geben und gut verrühren. Restlichen Zucker, Vanillezucker, Eier, Crème fraîche zufügen, alles zu einem glatten Teig verarbeiten. Diesen mit einem Geschirrtuch abdecken, ca. 1 Stunde gehen lassen. Danach den Teig in die gefetteten Muffin-Formen füllen, nochmals 15 Minuten zugedeckt gehen lassen. Im vorgeheizten Backofen bei 180 Grad etwa 35 Minuten backen. Anschließend die Küchlein aus den Formen nehmen und auf ein Kuchengitter setzen. Nach dem Auskühlen über die Hefeküchlein entweder Puderzucker stäuben oder hübsch dekorieren z.B. mit geschmolzener Kuvertüre, Puderzuckerglasur (Puderzucker mit etwas Wasser verrühren), bunten Zucker- oder Schokostreusel.

Die Bäckerschweinchen sind nach Österreich gereist, um die feinen Mehlspeisen zu genießen.
Heute lassen sie sich in Salzburg mit den köstlichen Salzburger Nockerln verwöhnen.

Salzburger Nockerln

Zutaten

- 4 Eiweiß
- 70 g Zucker
- 1 Päckchen Vanillezucker
- 4 Eigelb
- 25 g Speisestärke

Außerdem:

- 20 g Butter
- 1 Esslöffel Zucker
- 3 Esslöffel Milch

Zubereitung

Eiweiß steif schlagen. Zucker, Vanillezucker langsam einrieseln lassen. Die Eigelb nach und nach unter den Eischnee mischen, Speisestärke unterziehen. Zerlassene Butter, Zucker, Milch verrühren und in eine flache, gefettete Auflaufform gießen. Anschließend mit einem Teigschaber aus der Eischneemasse drei große Nockerln abstechen und in die Form setzen. Im vorgeheizten Backofen bei 200 Grad ca. 15 Minuten backen. Puderzucker über die Salzburger Nockerln stäuben, sofort servieren.

An der schönen blauen Donau

Apfelstrudel

Zutaten

🐷 **Teig:** 🐷
🐷 350 g Mehl
🐷 1 Ei
🐷 etwas Salz
🐷 ⅛ l lauwarmes Wasser
🐷 40 g Butter
🐷 **Füllung:** 🐷
🐷 1 kg Äpfel
🐷 80 g grob gemahlene Mandeln
🐷 125 g Zucker
🐷 ½ Teelöffel Zimt
🐷 80 g Rosinen
🐷 etwas Butter zum Bestreichen

Zubereitung

Mehl, Ei, Salz, Wasser, zerlassene Butter zu einem weichen Teig verarbeiten und auf einer leicht bemehlten Arbeitsfläche so lange abschlagen, bis er weder an den Händen noch am Brett klebt. Aus dem Teig zwei Kugeln formen. Diese unter eine vorgewärmte Schüssel legen, ca. 1 Stunde ruhen lassen. Anschließend beide Teigkugeln auf einer bemehlten Arbeitsfläche rechteckig auswellen. Nun jede Teigplatte auf ein Geschirrtuch legen und vollends hauchdünn auswellen (mit den Händen nachhelfen). Die Teigplatten mit zerlassener Butter bestreichen. Für die Füllung die geschälten, vom Kernhaus befreiten Äpfel in kleine, dünne Scheiben schneiden, Mandeln, Zucker, Zimt, Rosinen untermischen und auf den Teigplatten verteilen (nicht ganz bis zum Rand). Diese nacheinander mit dem Geschirrtuch von der Längsseite her locker aufrollen, die Seiten ca. 2 cm umschlagen. Die Oberflächen mit zerlassener Butter bestreichen. Beide Strudel auf ein gefettetes Backblech legen. Im vorgeheizten Backofen bei 200 Grad ca. 50 Minuten backen. Über die noch warmen Apfelstrudel Puderzucker stäuben und Vanillesoße dazu reichen.

Bäckerschweinchens Kindertag

Während sich die Bäckerschweinchen in Österreich aufhalten und dort die feinen Mehlspeisen genießen, feiert Großmütterchen Rosa mit den Bäcker-schweinchen-Kindern einen tollen Kindertag. In der Backstube werden feine Leckereien zubereitet und allen macht es viel Spaß die Backstube der Bäckerschweinchen in eine Kinder-Backstube zu verwandeln.

Buttermilch-Pfannkuchen

Zutaten

- 300 g Mehl
- 3 Eier
- 50 g Zucker
- 1 Päckchen Vanillezucker
- 700 ml Buttermilch
- Fett zum Ausbacken

Zubereitung

Mehl, Eier, Zucker, Vanillezucker, Buttermilch gut verrühren. Danach in heißem Fett dünne Pfannkuchen ausbacken. Diese mit Puderzucker bestäubt servieren.

Kakao-Pfannkuchen mit Pfirsichsoße

Zutaten

Teig:

- 200 g Mehl
- 1 Messerspitze Backpulver
- 20 g Kakao
- 4 Eigelb
- 50 g Zucker
- ½ l Milch
- 4 Eiweiß
- Fett zum Ausbacken

Pfirsichsoße:

- 1 Dose Pfirsiche
- (Saft für die Soße aufheben)
- 1 Esslöffel Zucker
- 1 Teelöffel Speisestärke

Zubereitung

Zuerst die Pfirsichsoße zubereiten. Zucker, Speisestärke mit Pfirsichsaft verrühren, zu den pürierten Pfirsichen geben, einmal aufkochen und kaltstellen. Anschließend alle Teigzutaten zu einem glatten Teig verrühren. Zum Schluss das steifgeschlagene Eiweiß unterziehen. In heißem Fett Pfannkuchen ausbacken. Vor dem Servieren Puderzucker darüber stäuben und die Pfirsichsoße dazu reichen.

Leckerer Schokoladen-Auflauf

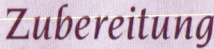

Zutaten

- 2 Becher saure Sahne
- 2 Esslöffel Zucker
- 1 Päckchen Vanillezucker
- 4 Eigelb
- 30 g Mehl
- 30 g Speisestärke
- 100 g Zartbitter-Schokolade
- 4 Eiweiß
- 1 Dose Früchte
- z.B. Pfirsiche oder Birnen

Zubereitung

Saure Sahne, Zucker, Vanille-zucker, Eigelb schaumig schlagen. Anschließend Mehl, Speisestärke und die im Wasserbad geschmolzene, leicht abgekühlte Schokolade ein-rühren. Das steifgeschlagene Eiweiß unterziehen. Nun in eine gefettete Auflaufform zuerst die kleingeschnit-tenen, gut abgetropften Früchte, darüber die Schoko-Masse geben. Im vorgeheizten Backofen bei 180 Grad ca. 1 Stunde backen.

Süßer Brot-Auflauf

Zutaten

- 3 Eier
- 75 g Zucker
- 375 ml Milch
- 1 Teelöffel Zimt
- 75 g geriebene Schokolade
- 12 Scheiben Toastbrot
- 100 g Rosinen

Zubereitung

Eier, Zucker, Milch schaumig schla-gen. Danach Zimt und Schokolade einrühren. Alle Toastbrot-Scheiben entrinden, klein schneiden, zu der Eiermilch geben und pürieren. Anschließend Rosinen untermi-schen. Die Masse in eine gefettete Auflaufform füllen, mit Alufolie ab-decken. Im vorgeheizten Backofen bei 160 Grad ca. 1 Stunde backen. In der Zwischenzeit eine Vanillesoße nach Packungsanweisung zuberei-ten. Diese zu dem leicht abgekühlten süßen Brot-Auflauf reichen.

Knabber-Küchlein

Zutaten

- 125 g Butter
- 150 g Zucker
- 1 Päckchen Vanillezucker
- 3 Eier
- 250 g Mehl
- ½ Päckchen Backpulver
- 50 g Speisestärke
- 1 Päckchen
- Vanillepuddingpulver
- 70 ml Milch
- **Außerdem:**
- Backblech mit 12 flachen
- Vertiefungen
- Holzstäbchen

Zubereitung

Butter schaumig schlagen. Abwechselnd Zucker, Vanillezucker, Eier dazugeben, gut mitrühren. Mehl, Backpulver, Speisestärke, Puddingpulver vermischen, löffelweise mit der Milch einrühren. Den Teig in die gefetteten Backblech-Vertiefungen füllen (gibt ca. 30 Stück). Im vorgeheizten Backofen bei 175 Grad ca. 20 Minuten backen. Auf einem Kuchengitter auskühlen lassen, die Holzstäbchen ein Stück in die Küchlein schieben. Entweder Puderzucker darüber stäuben oder hübsch dekorieren z.B. mit geschmolzener Kuvertüre, Sahneverzierungen, Zuckerperlen.

Birnenkuchen

Zutaten

- **Teig:**
- 150 g Butter
- 150 g Zucker
- 3 Eier
- 300 g Mehl
- 1 Päckchen Backpulver
- 1 Teelöffel Zimt
- 1 Esslöffel Kakao
- 40 g feine Haferflocken
- ⅛ l Milch
- 100 g Schokolade
- **Belag:**
- 1 Dose Birnen

Zubereitung

Butter schaumig schlagen. Abwechselnd Zucker, Eier dazugeben, zu einer cremigen Masse rühren. Nach und nach das mit Backpulver vermischte Mehl, Zimt, Kakao, Haferflocken, Milch einrühren. Zum Schluss die kleingeschnittene Schokolade unterheben. Den Teig in eine gefettete mit Semmelbrösel ausgestreute Springform füllen. Die Birnenhälften (Wölbung nach oben) auf der Teigmasse verteilen. Im vorgeheizten Backofen bei 180 Grad ca. 1 Stunde backen.

START

ZIEL

Bäckerschweinchens Kindertag

Blumentopf-Kuchen

Zutaten

- 🐷 150 g Butter
- 🐷 150 g Zucker
- 🐷 1 Päckchen Vanillezucker
- 🐷 4 Eier
- 🐷 100 g gemahlene Haselnüsse
- 🐷 100 g Semmelbrösel
- 🐷 50 g Speisestärke
- 🐷 ½ Teelöffel Backpulver
- 🐷 1 Esslöffel Milch
- 🐷 100 g Schokolade
- 🐷 **Außerdem:** 🐷
- 🐷 einige Tonblumentöpfe
- 🐷 Teigmenge reicht z.B.
- 🐷 für 4 Töpfe 10 cm Ø

Zubereitung

Die Blumentöpfe vor Gebrauch einige Stunden in kaltes Wasser legen, danach abtrocknen, gut einfetten. Wegen des Blumenttopfloches aus Back-Trennpapier jeweils entsprechend große Kreise schneiden und als Boden einlegen.

Für die Teigzubereitung Butter schaumig schlagen. Abwechselnd Zucker, Vanillezucker, Eier dazugeben, mitrühren. Nacheinander Haselnüsse, Semmelbrösel, mit Backpulver vermischte Speisestärke und Milch einrühren. Zum Schluss die im Wasserbad geschmolzene, leicht abgekühlte Schokolade untermischen. Den Teig in gefettete Tontöpfe füllen. Im vorgeheizten Backofen bei 175 Grad ca. 1 Stunde backen. Anschließend die Kuchen nach etwa 15 Minuten aus den Töpfen nehmen und auf einem Kuchengitter auskühlen lassen. Nun entweder Puderzucker über die Topfkuchen stäuben oder hübsch dekorieren z.B. mit geschmolzener Kuvertüre, Puderzuckerglasur (Puderzucker mit etwas Wasser verrühren), Sahneverzierungen, kleinen Früchten, bunten Zuckerperlen, abgezogenen halben Mandeln. Die verzierten Kuchen wieder in die (evtl. zuvor bemalten) Töpfe stellen, so sind sie ein hübscher Blickfang auf dem Kuchentisch oder schön verpackt ein originelles Mitbringsel.

Meine Mehlspeisen-Rezepte

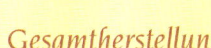

Gesamtherstellung:	Vehling Verlag GmbH, Berlin
Produktion:	Elke Schuster
Mitarbeit:	Zwergenstübchenmütter
Illustration:	Maria Frank
Fotografie:	Axel Waldecker
Layout:	Jürgen Rothfuß
Lithografie:	Repro Norm

www.vehlingbuch.de

Das Zwergenstübchen präsentiert Bäckerschweinchens beste Backrezepte mit feinen Kuchen, köstlichen Torten, süßem Kleingebäck sowie pikanten Backwerken. Ein ideales Backbuch für die ganze Familie mit einfachen Rezepten, die leicht nachzubacken sind und besonders gut schmecken.

Zwergenstübchen
edition

Bäckerschweinchens beste Backrezepte

Vehling

Bäckerschweinchens
beste Backrezepte
72 Seiten im Format
22 x 27 cm
Art.-Nr. 889

*Eine Kostprobe aus
Bäckerschweinchens
beste Backrezepte*

60 Pikantes Backen

Gefüllte Partybrötchen

Zutaten

- 60 g durchwachsener Speck
- 1 Zwiebel
- ½ Bund Petersilie
- 3 Eßlöffel Öl
- 6 Brötchen
- 350 g gemischtes Hackfleisch
- etwas Salz, Pfeffer, Paprika
- 3 Tomaten
- 100 g Gouda

Zubereitung

Kleingewürfelter Speck sowie fein-
gehackte Zwiebel und Petersilie in
heißem Öl andünsten. Alle Brötchen aushöhlen, danach die Hälfte
der ausgehöhlten Brötchenmasse
zerkleinern. Diese mit dem Hackfleisch zum Speck geben, gut vermischen, würzen und anbraten.
Zum Schluß Tomaten ebenso Käse
in kleine Würfel schneiden, unter-
mengen. Die Brötchen damit füllen.
Im vorgeheizten Backofen bei
180 Grad ca. 20 Minuten backen.